VENDEDOR AMBULANTE DEL SIGLO XXI

Lo que hacen las tiendas online que funcionan y tú NO

Fran Murillo

CONTENTS

VENDEDOR AMBULANTE DEL SIGLO XXI
Lo que hacen las tiendas online que funcionan y tú no

\----------------------

Montar una tienda es jodido, muy jodido.

Bueno, montarla es fácil, lo complicado es ganar pasta con ella.

Sé que no me conoces, por eso quiero avisarte y pedirte un favor. La idea es que leas el libro y te imagines mi cara (o la de alguien más guap@, puestos a pedir) mirándote mitad serio, mitad no.

Lo típico que no sabes si se están riendo de ti o te están contando la cosa más seria, así soy yo y así escribo, así que tómatelo con humor y saca tus propias conclusiones.

Total, la pasta ya me la has pagado, y para cuando estés leyendo esto ya la habré convertido en un Barceló Cola Cero o en un nuevo dominio, who knows…

QUIÉN SOY YO

Mi nombre es Fran, pero puedes llamarme Franmu, Fransito... como quieras.

Podría aprovechar estas líneas que todo el mundo lee para venderte algo, no creas que no lo he pensado, pero seré fiel al título y me presentaré ;)

Vivo en Tolosa, nací en el 93, mi Twitter es @trabajonomada y diría que 8/10 personas dicen que soy buen chico, así a ojo. Me gusta mucho montar proyectos y el mundo de los negocios en general, aunque personalmente no soy muy workaholic, prefiero salir con Pat o con mis amigos, irme de vacaciones y vivir a gusto.

Mi objetivo es ser independiente, libre, de aquí a ~~mi jubilajajaj~~ que me entierren, no tener que depender de un jefe, de un político ni de nada, y al final nos guste más o nos guste menos, a día de hoy un must es ganar el dinerito suficiente (cada uno sabrá cuánto es en su caso).

Supongo que si opinas como yo y quieres ser libre tendrás un plan, mi plan en su momento fue trabajar las tiendas online y en eso sigo. Supongo que si me estás leyendo, quieres saber si los eCommerce pueden ser una buena vía de generación de ingresos, ya me dirás.

Mi objetivo con este libro es contarte cómo lo hago yo, se trata de un proceso muy concreto de creación de nichocommerces potenciados con SEO, puede que te encaje o puede que no, en ambos casos estaré contento siempre que te quedes con algo chulo. Además, para que el libro quede más completo he comprado una tienda que iré optimizando conforme pase el tiempo, en el capítulo **10** te la presento.

Te dejo que empieces, no sin antes recomendarte (navaja en mano) que te suscribas a mi newsletter. En ella te iré contando cositas y los avances de la tienda que te comentaba. También verás los recursos y ejemplos mencionados en el ebook.

Es aquí: **trabajonomada.substack.com**

Nownownow

En el momento en el que estoy escribiendo esta presentación, a diferencia de Tim Ferriss, que escribía desde diferentes partes del mundo, estoy en mi casita con mi bata morada. Es domingo (quedan 8 días para que salga Vendedor ambulante del siglo XXI y de fondo tengo puesta Redención, una película que no sé si recomendarte porque la acabo de poner).

Un besito,

INTRO: ¿CUÁNDO SACAN EL CARNET DE EMPRENDEDOR?

Soy de los que opina que debería haber muchos carnets, no todo el mundo vale para coger una moto potente, y lo mismo pasa con lo de montar empresas.

Vale Fran, hasta ahora me habías caído bien ¿pero de qué hablas ahora?

Bueno, déjame explicarme antes, te voy a contar una de mis peores decisiones, que sorprendentemente no fue borracho de alcohol, pero sí fue borracho de motivación (y mezclado con un poco de ignorancia, por qué no decirlo...).

Rebobinemos hasta 2013.

Soy un artista, a unos meses de terminar la universidad y cero (0) unidades de días cotizados a la Seguridad Social se me ocurre que no voy a buscar unas prácticas como el resto de mis compañeros.

En aquel momento todos mis compañeros estaban consiguiendo su primer empleo en empresitas chulas.

Chulas en plan de estas en las que vas a una empresa grande a servir cafés (eso no lo cuentas) y te pagan una mierda (eso tampoco lo cuentas). Par de fotos de Instagram con traje, iPhone último modelo, par de frases motivacionales y ya tenemos al próximo Steve Jobs.

La idea era vivir la vida de un modo más rápido, pasar de ser universitario a ser EMPRESARIO. Sin duda un plan sin fisuras.

Siendo un tío inteligente y moderno lo vi claro, voy a comprar una tienda online porque eso "es lo que se lleva ahora", que pensándolo bien quizá aprendí esto en alguna canción con tractores amarillos de por medio.

Desglosemos cómo llegue a este plan:

1. Las tiendas online son lo que más mola ahora
2. No quiero depender de una ubicación física ni de un horario fijo
3. No tengo ni idea de marketing, pero uso Word y Power Point de puta madre

Nada, como ya estaba adjudicado, lo siguiente era buscar negocios en un portal tan especializado como Milanuncios.

Allí fue donde encontré mi próxima musa, una imprenta online de medio pelo que ni mucho menos vendía lo que decía. Pero ojo, en algo no me engañaron: llevaba trabajo mantenerla, menos mal que tenía a Patri ayudándome con el día a día.

Bien, por recordarte la estampa: veintipocos, nula experiencia y un muerto que costó 12.000 euros pero que valía un cagao. En el banco muy poquito dinero y una cuota de autónomos de unos 400 euros al mes (sí, soy autónomo pre-ayuda del Gobierno).

Déjame que haga una pequeña vuelta al presente, a día de hoy no vivo mal. Estoy lejos de ser millonario (tampoco sé si quiero serlo) y aún me toca preparar pedidos algunos días, también hay veces que termino tarde de trabajar y días en los que algún cliente me amarga…

Pero yo qué sé…yo me lo paso bien y hago lo que me gusta. Vendo un montón de cosas diferentes a países de todo tipo, tengo un trabajo que me reta cada día, y lo más importante, me considero Libre.

Supongo que soy un vendedor ambulante del siglo XXI.

Si crees que a ti también te puede encajar esto, creo que el libro te va a gustar.

En estas páginas te cuento todos los pasos que he dado para pasar de ser ese chico al que timaron comprando su primera tienda online, a ahora, un tío súper majete que vive tranquilo.

PUNTO 1: EL PRODUCTO ES LO PRIMERO

Claro que sí.

Yo también he leído un montón de libros que dicen que empieces por el motivo que te lleva a crear la empresa, que lo busques en el fondo de tu corazón, que analices tu cliente ideal...

Todo eso está genial para montar una empresa que se la cuele a un capital de riesgo y para vender que vas a cambiar el mundo, pero si lo que quieres es sostenerte por ti mismo, lo que hoy en día se llama bootstrapping, olvídate. Necesitas un producto que la gente quiera comprar, FIN.

Montar empresas es fácil.

Coge un producto que se venda, sé paciente y véndelo mejor que tus competidores.

Esto podría ser el resumen del libro, es más, si sigues esto de principio a fin no necesitas nada más, pero no te preocupes, no sé aún cuánto te habré cobrado por el libro, pero para que no me pongas una mala opinión en Amasson te lo daré todo más mascadito.

Encontrando el amor en sitios insospechados

Siempre me ha gustado el cine, además puedo decir que tengo buen gusto porque me gustan Memento, Origen o Interstellar de Nolan; La última noche de Spike Lee, el Club de la Lucha, Training Day...

Vamos, lo que viene siendo un poco de cine de calidad.

Peeero, he de admitir que también me he enganchado a pelis romanticonas de domingo después de comer. Una que me gustó fue la de Out of Sight, que aquí en España se conoce como Un romance muy peligroso ¿Te suena?

Bueno, pues no te la voy a destripar, pero es la típica película en la que un tío guapo (George Clooney) se fuga de la cárcel y al salir se cruza con una tía guapa (J Lo) que casualmente es policía y la mete en el maletero de un coche para fugarse sin testigos.

Sí, lo sé, meter a alguien en un maletero no parece ser la mejor técnica para ligar, pero supongo que ni tú ni yo somos parecidos al bueno de Jorge.

Resulta que la policía le persigue por todos lados, le detiene y luego le ayuda a fugarse y empiezan una bonita relación ¡Fin!

Al lío, tanto rollo para contarte que el amor se puede encontrar en los sitios más inesperados, y así puede suceder también en la búsqueda de tu producto ideal, al que llamaremos CRUSH a partir de ahora.

Mi primer CRUSH surgió en un regalo que un amigo le iba a hacer a su novia, el segundo vino de un telediario de Telecinco (sí, a veces veo la cadena amiga y sigo siendo más listo que la media jiji), el tercero lo vi en un escaparate de Barcelona...lo que te digo, en cualquier sitio puedes encontrar el amor.

Pero claro, uno de los puntos es cambiar de mentalidad. Es muy importante que en fechas como Black Friday o Prime Day cambies tu mentalidad de comprador a vendedor. Cambiar el "quiero comprar esto y esto" por "podría vender esto y lo otro".

Es más, te resultará extraño, pero apenas compro por internet. Mando miles de pedidos, pero no hago casi compras. Soy un vendedor nato, pero un comprador pésimo... en los siguientes puntos te voy a decir los aspectos exactos en los que me fijo para decidir si un producto me interesa o no.

Las modas van y vienen

Si hay algo que odia mi padre es que sobre comida.

No, no es de la época de la guerra, pero lo odia igual. No, no cocina él, pero lo odia igual.

Vamos, que no le gusta que se tire comida, y aunque quizá no heredaré un palacio de la familia, lo cierto es que parte de ese TOC si lo he heredado ya.

No me gustan nada los productos que tienen caducidad, vida corta o que siguen modas.

Imagina, compras 1.000 plantas súper chulas y a súper buen precio, no vendes ni el huevo ¿Qué haces con 997 plantas? Pues nada, porque a los 3 meses perderás la ilusión y terminarán pudriéndose.

Imagina también, compras 2.000 relojes interactivos de esos con pantallita en China. Todos van con bluetooth y con un montón de pijaditas, pero ¿Qué pasa si no los vendes en los próximos 3 años? ¿Qué podrás hacer con ellos?

Esto son dos ejemplos, pero creo que se entiende. Jamás montaré una tienda con un producto que caduque, pase de moda o se quede estancado tecnológicamente.

Intenta hacer lo mismo, quédate con productos que no se vayan a poner pochitos y podrás almacenarlos durante mucho tiempo. Si ves que no te funciona el negocio siempre podrás incluir el stock para hinchar el precio de venta. En alguna ocasión he pasado de esto, tengo una tienda de tillandsias por ejemplo, pero el problema es prever la demanda y las plantas muertas, si sabes de gestión de stocks puedes saltártelo.

La electrónica para los electrónicos

Está un poco relacionado con el punto anterior, como vas viendo no me complico demasiado la vida ¿Para qué? No merece la pena montar un negocio que sabes que te va a traer problemas.

En el caso de la electrónica tus principales problemas serán las devoluciones y la garantía, que afecta a todos por igual, pero duele más si compras tus productos en China y tienes que ofrecer 14 días de devolución "sin excusas" y hasta 2 años de garantía.

Personalmente huyo de los productos electrónicos, creo que pueden ser muy rentables sobre todo si das con un aparato que sea simple, pero en mi experiencia y en la de conocidos no ha funcionado demasiado bien.

Sé de gente que ganó dinero con las réplicas de los AirPods, gente que gana y ha ganado dinero con relojes, gente que ha traído tablets de todo tipo…pero al final tienes que saber jugar con el stock y tener una estructura o al menos el conocimiento técnico para no pillarte los dedos.

Otro día contaré cómo casi se la cuelo a la segunda marca de smartphones más grande de India para convertirme en su distribuidor único en España. Aún doy gracias de que el trato no saliese adelante, pero ojo, me lo pasé de cojones y viví a cuerpo de rey aquellos días en Delhi.

Pequeño pero juguetón

Eso es así en casi todos los ámbitos de la vida. Y en eCommerce casi más, la realidad es que vender paquetes grandes afecta directamente a tu estructura de costes, ojo, claro que se puede ganar dinero vendiendo producto grande como sofás o mesas, pero exige un poco más de estructura.

En primer lugar necesitarás un almacén más grande, tus gastos de envío serán superiores, maniobrarlos es más complicado, algunas agencias no suben bultos pesados a la puerta de casa (lo dejan en el portal)...repito, puedes tener éxito, pero te aseguro que hay muchos productos pequeñitos y manejables con márgenes muy buenos.

Para que te hagas una idea, la mayoría de mis productos entran en una cajita de 30x30x10cm y pesan alrededor de 1kg, lo cual me permite tener muy buenos precios en paquetería y tener un packaging económico.

No te asustes, que el tema medidas no es un problema real, pero sí creo que para tu primer eCommerce puedes vender un producto pequeño. Esto te ayudará también a facilitar la internacionalización (hablaremos de ello más adelante).

Que tenga demanda

Es evidente, como te contaba antes me dedico al SEO, y para bien o para mal no sé hacer muchas más cosas, por eso necesito que el producto que voy a vender tenga demanda.

No me gusta preocuparme de crear la demanda, hay gente a la que se le da bien este paso, por ejemplo, Manuel Jalón (creador de la fregona, da las gracias a este riojano por no tener que agacharte) inventó la fregona cuando todos fregaban suelos con trapos.

¿Quieres dejar de destrozarte el cuerpo? ¡Compra mi fregona! Fácil. Él fue capaz de detectar una mejora de producto y creó la demanda.

Otro ejemplo más reciente y más adaptado a esto de las tiendas online sería el de lovviabrand.com, que detectó que mucha gente tiene el agujero del pendiente rasgado, y esto hace que queden como caídos.

Crearon un producto, lo movieron y finalmente la demanda se fue creando tal y como puedes ver en la siguiente captura:

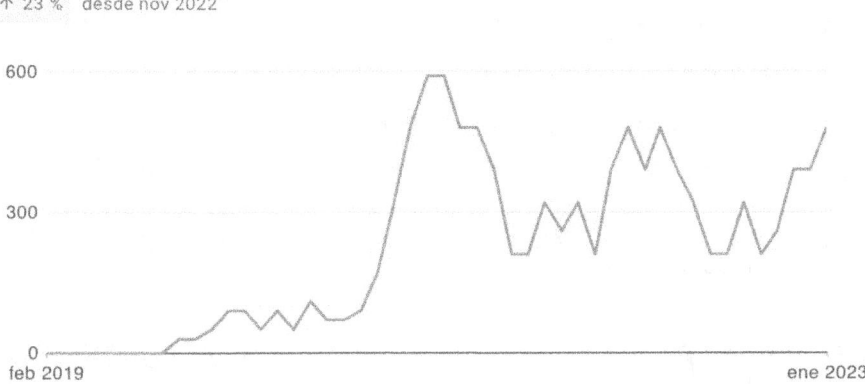

Búsquedas mensuales de: feb 2019 – ene 2023

↑ 23 % desde nov 2022

Disclaimer, no conozco la empresa, pero me parece un caso chulo y súper sencillo para alguien que sepa generar demanda.

No me cabe duda de que puedes crear una tienda online con un producto novedoso que no tenga demanda y que te forres, puede suceder, pero yo, personalmente prefiero trabajar el SEO.

Entonces, volviendo a la demanda.

La idea es que consigas encontrar nichos poco competidos, que generen negocio y que además tengan búsquedas.

Te dejo varios ejemplos a continuación.

Micronichos que generan negocio:

- Protectores de tacón, ejemplo llelle.es
- Perchas personalizadas, ejemplo quevivalanovia.es

Nichos que generan negocio:

- Kits personalizados, ohmykit.com
- Invitaciones, bodapix.es

Macronichos que generan negocio:

- Regalos, regalooriginal.com

- Detalles, novodistribuciones.com

(*) Hemos pasado de webs de nicho que se crean en un par de días, a proyectos monstruososo como los dos últimos, pero quiero que seas consciente de que puedes pasar del primero al último con tiempo, dedicación y por supuesto algo de suerte.

Ejemplo de regalooriginal.com en 2005:

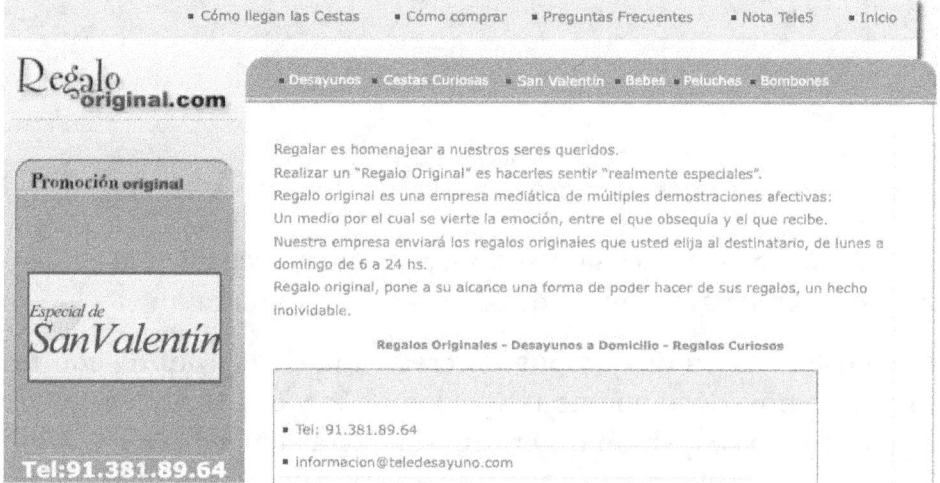

También he hecho esta diferenciación para que no te desanimes, cualquiera de las webs que te he puesto más arriba genera negocio.

En eCommerce la idea es que tenga demanda en keywords transaccionales, a diferencia de lo que pasa con Amazon Afiliados o AdSense, generalmente no necesitas que tu web reciba 1.000 sesiones diarias para ganar un sueldo digno.

Además, tal y como veremos en el capítulo de crecer, siempre podrás pasar de vender protectores de tacón para bodas a vender miles de productos relacionados con las bodas, o incluso con los eventos si quieres ampliar aún más tu negocio.

¿Cómo encuentro nichos?

Hay un poco de todo, por defecto soy una persona curiosa y me gusta leer diferentes cosas, además soy muy preguntón...también me quitaré la humildad y diré que he ido desarrollando algo de olfato a la hora de ver un producto ganador.

Como me gustan mucho los productos personalizados una de las fuentes que más consulto es Etsy, más que nada porque es un marketplace que tiene literalmente de todo, puedes ponerlo en Semrush, Ahrefs o si no tienes ninguna herramienta puedes navegar a mano entre los más vendidos.

Al final lo que hago es poner el reporte de mejores páginas y voy investigando. Aquí puedes hacer dos cosas, o bien buscas en Spanish o bien lo haces en English. Es cierto que si pones Estados Unidos habrá muchas keywords que allí sean grandes y tengan demanda, pero aquí no sean muy relevantes.

URL	Tráfico	Tráfico, %	Palabras clave	
www.etsy.com/es/market/piercing_nariz	1K	0,03		87
www.etsy.com/es/market/taper_fade	1K	0,03		27
www.etsy.com/es/market/micro_mini_bikini	1K	0,03		20
www.etsy.com/es/market/bolsa_de_tela	1K	0,03		54
www.etsy.com/es/market/giga_chad	1K	0,03		6
www.etsy.com/es/market/funko_personalizado	1K	0,03		64
www.etsy.com/es/market/pulsera_de_hilo	1K	0,03		65
www.etsy.com/es/market/sudaderas_de_pareja	1K	0,03		51
www.etsy.com/es/market/pene_de_hombre_negro	1K	0,03		13
www.etsy.com/es/market/tatuaje_de_espalda?ref=seller_tag_bottom_text-11	1K	0,03		88
www.etsy.com/es/market/hilo_sexy_tanga	1K	0,03		50

Un ejemplo podría ser el de Funko Personalizado, de ahí derivar en muñecos personalizados; lo mismo con las sudaderas de pareja… ya sabes, picar piedra (el pene de hombre negro podemos dejarlo para otro ebook).

En caso de no tener herramientas de pago será más tedioso, pero funciona similar. Ordenas por valoración o reciente en Etsy, y te irán apareciendo productos en tendencia. Ahí puedes ver qué se vende, después el trabajo será a la inversa, deberás buscar esa keyword en una herramienta como Google Keyword Planner o la versión gratuita de Semrush.

Otra opción es analizar los links externos (o revisar a mano) los partners de las webs que enlazan eCommerce ¿Ejemplos? Los sellos de calidad como Ekomi, Trusted Shops, Revi.io…al final son sellos que cuestan pasta, así que si lo tienen ganan dinero o les han tangado, una de dos jujuju

A la hora de evaluar la competencia, a grandes rasgos te diré que si el nicho cumple con las características que te comentaba arriba, casi seguro será poco competido. Señales de que es poco competido sería ver a Amazon con una categoría débil (poco producto y de baja calidad), dominios EMD, ver muchas categorías de eCommerce que no son de primer nivel…

Al final el SEO cada vez se basa más en detalles ajenos a la autoridad (aunque aún le queda trecho…) y cumple más con mostrar los mejores resultados. En el caso de una búsqueda transaccional, a priori suele ganar el que mejor catálogo tiene, o al menos eso veo en los últimos análisis.

Los extras

Si el producto cumple con todas estos aspectos yo ya lo doy por válido (incluso puede que me lo quede aunque no cumpla todos), peeero, puede haber otros aspectos que me terminen de convencer aún más.

Un ejemplo es que los productos sean personalizados. Vamos a ver, esto no te garantiza que Amazon no se vaya a meter, porque Amazon puede hacer lo que le dé la gana, pero sí es cierto que vender porta alianzas personalizados con nombre y fecha tiene más barreras de entrada que vender un secador recién importado de China.

Lo mismo sucede con los cuadros personalizados, las flores y demás productos similares para regalo.

También me gusta que no haya ninguna marca demasiado reconocida en el mercado, no me gusta poner los ejemplos de todas las clases de marketing pero si hay algún Kleenex o Post-It en el nicho quizá pase un poco más de él. Al final puede verse como una señal positiva, ya que hay interés, pero ya implica una pelea de tú a tú.

Otro aspecto chulo es el efecto wow, esto es, si cuando a mis amigos les cuento algo sobre el CRUSH se quedan con cara de wow, qué chulo, o incluso preguntan qué c_#o es eso, es un punto muy positivo. Si a tus amigos les da igual tu producto no tiene que ser malo, puede que no sean tus clientes, ojo.

[TAREA: De aquí deberías sacar una lista de algunos productos, no te vuelvas loco e intentes acelerar este proceso. Prefiero que este paso dure 5 meses a que te tires una semana y elijas un producto con más ansia que sentido.

No tengas prisa por encontrar tu CRUSH, es casi lo más importante del proceso.]

PUNTO 2: DÓNDE COÑ# METO TODO ESTE STOCK

Creo que la parte que más me gusta de montar una tienda es la compra de producto, es como que me emociono en las primeras etapas.

[Mira, creo que hay gente a la que se le da bien crear cosas y después les cuesta más mantenerlas (ejemplo perfecto yo mismo), también hay gente a la que se le da bien mantenerlas (ejemplo my friends Mario Armenta, Miguel Ángel Pérez, Álvaro Peña, Eva y Xevi (Cuineros) Dámaso…) que son capaces de mantener un negocio durante mucho tiempo y sacarle rendimiento.

Este off topic porque creo que es importante saber en qué eres bueno y rodearte de compañías, colaboradores o empleados que te apoyen en tu parte más débil.]

Bueno, dicho esto detallo todo lo que aún tengo en la casa de mis padres, más que nada por si algún día se te ocurre comprar los mismos productos (Spoiler: es una mala idea): 100 pendientes de Potara de la serie Dragon Ball, 1.000 pares de cordones elásticos, 500 pulseras de planetas, antifaces, Tamagotchis…

Y otros muchísimos productos que tengo en el almacén a los que aún no les he dado uso. También tengo máquinas de sublimación, plotter de corte, impresoras láser, máquina de chapas…y muchos de los productos que compro para probar se quedan ahí, en una idea.

Naaah, volviendo al tema, no te vuelvas loco, espero que no hayas comprado todavía nada, eh, que aún te queda mucho para llenar tu casa de productos y trastos.

Amazon siempre gana

Hay muchas formas de ver si un producto se vende o no, y aunque ninguna es 100% exacta es cierto que te puede ayudar bastante.

Si tu producto se vende en Amazon conviene mucho que revises las páginas de resultados de su propio buscador.

¿Qué encuentras cuando haces la búsqueda de tus palabras clave? Si te encuentras anuncios tiene buena pinta, nadie mantiene campañas de pago que no venden a medio-largo plazo (no mezclar vender o no vender con ser rentable).

Si además los productos tienen muchas reseñas también puede ser una buena señal. Ojo, sé cómo funciona la venta de reseñas en Amazon, Google…no me van a engañar a estas alturas, pero es cierto que pueden darte una idea.

Si tienes acceso a una herramienta como Helium10 o Jungle Scout también puedes sacar números más "reales" y basados en datos, son herramientas en las que no invertiría al principio pero que puedes tener en cuenta de cara al futuro.

Las compras envenenadas

Tanto algunos CMS como las facturas suelen ir numeradas en un orden secuencial, por lo que si haces dos pedidos con 30 días de diferencia podrás "intuir" las compras que ha tenido la tienda.

Ejemplo, si tu primer pedido es el #10102 y el segundo es el #10150 podrías estimar las ventas.

Repito, no siempre funciona, sobre todo si sus números no son secuenciales, pero es sencillo de probar. Además, si terminas la compra te permite conocer cómo manda los pedidos la competencia y sacar nuevas ideas. En el peor de los casos habrás invertido en sacar ideas de packaging, mensajes...

Como ves, aún no es momento de hacerte con stock, no seas ansios@, ya llegará ;)

PUNTO 3: MVP (MÁXIMA VERGÜENZA POSIBLE)

Se oye mucho eso de si tu producto inicial no da vergüenza es que has salido demasiado tarde, lo dicen los gurús y lo dice Fransito. Como debe ser de las únicas cosas en las que estamos de acuerdo, creo que puedes fiarte.

Cuidado, esto no quiere decir que deba funcionar mal. La idea es que el mínimo viable sea eso, viable. Si hablas de una tienda al menos deberías tener:

1. Una página de producto con tu CRUSH
2. Unas fotos que reflejen el producto
3. Un copy decente
4. Y un método de pago

Con eso es más que suficiente. Todo lo que hagas de más es por hacer bonito, en los próximos capítulos te contaré cómo hago el testing de productos para ver si valen o no, pero te voy avisando que muchas veces el método de elección de producto (AKA encontrando tu CRUSH) puede salir rana.

¿Acaso nunca te has equivocado con un ligue? Pues seguro que sí, y si no te ha pasado nunca, tranqui, aquí te pasará :P

Recordando

Ha llegado el momento de testear tu idea, por recordar, aquí debes tener un producto que:

- Sea preferiblemente pequeño
- No caduque o pase de moda
- Tenga demanda (si lo quieres enfocar a SEO)
- Tenga un buen margen

Si es así, puedes testear.

Stock

Igual te estás preguntando ¿Qué hay del stock? Bueno, en las primeras etapas no lo necesitas.

Yo te recomiendo que trabajes:

- Afiliación: si lo que quieres es gastar muy poco dinero e implementarlo al momento, evidentemente tu producto tiene que estar en venta en Amazon o en algún marketplace con afiliación
- Dropshipping: te va a requerir un poco más de charla, tendrás que hablar con los dropshipper o con tiendas afines, decirles que puedes traerles ventas y que se encarguen del envío
- Botón falso: puedes crear una pasarela de pago y medir los clics a carrito, a finalizar compra...pero no permitir pagar. Puedes añadir un mensaje final de que tu tienda es de testing y que se añadan a la lista de mailing para cuando estés disponible para salir

Un aspecto importante, en la fase de MVP no necesitas ser rentable, ten en cuenta que los afiliados de Amazon cobran entre un 0 y un 7% para la mayoría de categorías, ese margen con tu producto propio no es real, es demasiado bajo, por lo que sería raro hacerlo rentable. Lo mismo sucede con dropshipping, con stock propio tu margen será superior.

Por eso no te amargues, tu objetivo es testear si el producto se vende, no ganar dinero.

Tráfico

Para vender necesitarás tráfico. Lo suyo es que para probar si se vende utilices la demanda que tiene en tu favor, por eso yo siempre uso Google Ads, que tiene dos ventajas:

1. La primera es que empezarás a testear cómo se vende
2. La segunda es que si lo trabajas bien, tus resultados SEO se agilizarán (lo veremos en el capítulo de SEO)

Por supuesto puedes usar influencers, Facebook Ads o lo que sea, al final puedes usar el canal que consideres, pero ten en cuenta que la conversión SEO que debes estimar se asemejará más a Google Ads que al resto.

¿Qué puedes estimar?

Bueno, al final todo este proceso no te va a producir certezas, pero sí te va a ayudar a reducir las incógnitas.

No soy muy de dar cifras, pero en una tienda de nicho puedes esperar una conversión del 0,7-2%, por lo que si tu tienda está en ese rango creo que puedes generar ingresos.

Tasa de conversión e ingresos

Ingresos	Tasa de conversión de comercio electrónico	Transacciones	Valor medio de pedido
146.492,24 €	0,71 %	3.503	41,82 €

Debes tener en cuenta los márgenes, costes de tráfico, competencia en SEO...pero es cierto que eso también se va puliendo con la experiencia.

Sala de engorde

No quiero recomendarte hacer esto hasta que tengas la estructura de tiendas online bien montada, porque al final cuando montas el primero tienes que encargarte de conseguir un partner de logística, otro de packaging…es un poco locura como te imaginarás, pero una vez tienes uno, generalmente de lo único que te debes encargar es de tener producto.

Yo una cosita que me ha funcionado bien es la de tener una "sala de engorde" en la que voy creando tiendas con el MVP y las dejo ahí, conforme veo que funcionan y que podría hacer dinero les compro producto.

Un ejemplo perfecto es pintandopornumeros.com, como ves, tiene cierto histórico y ahí ha estado vendiendo productos con afiliación. Si ahora quiero vender producto no tengo más que comprarlo en China o donde sea y empezar a funcionar en unos días:

Palabra clave	Inte...	Pos.	SF	Dif.	Tráfico	Tráfico...	Vol...	KD %	CPC	URL
el buho de la suerte >>	N	72 → 72	5	0	0	< 0,01	1K	17	0,2	www.pintandopornumeros.com/producto/buho-de-la-suerte/
pintar numeros >>	I T	72 → 72	5	0	0	< 0,01	880	18	0,4	www.pintandopornumeros.com/
pinturas por numeros >>	I	59 → 59	6	0	0	< 0,01	720	20	0,5	www.pintandopornumeros.com/
pintar por numero >>	C	47 → 47	3	0	0	< 0,01	590	17	0,5	www.pintandopornumeros.com/

Le meto un apretón cuando quiera y listo, es lo bueno de tenerla con afiliados, que no implica trabajarla. En este caso esta web ha estado top10 para la keyword principal que tiene varios miles de búsquedas al mes, pero al final como todo, si no lo cuidas se va a la chingada.

PD: No empieces haciendo 10 eCommerce, céntrate en uno y cuando tengas ya cogido el puntillo y una estructura detrás te metes con los que quieras.

PUNTO 4: ¿CÓMO MONTO ESTE TINGLADO?

Mm...ya se va oliendo tu nuevo eCommerce, si todo sigue así en breve tendrás una tienda online en tu poder y empezarás ese camino. Ahora, si ya tienes tu producto seleccionado supongo que estarás deseando montar la plataforma.

Quieres que te diga qué CMS vas a tener que montar y qué plugins deberás instalar. Seguro que también querrás saber los métodos de pago que mejor funcionan y demás...

Pues siento decepcionarte. Sí, siento decepcionarte porque todo ese rollo que te han vendido da absolutamente igual.

En los últimos años he participado de forma más o menos activa en diferentes proyectos eCommerce. Algunos con presupuesto 0 y otros con presupuesto de 200-300.000 euros para la construcción de su web, y puedo asegurarte que si tu producto es bueno y lo sabes vender va a dar igual si utilizas WooCommerce, PrestaShop, Magento, Shopify o cualquier otro CMS con funcionalidad de ventas online.

Y no hace falta que diga que al revés funciona igual, si tu producto es una mierda va a dar igual lo chula que sea tu tienda.

El CMS que usas no es un factor de compra, al menos de momento.

Por eso mismo yo te recomiendo que en este aspecto pierdas

el mínimo tiempo y dinero posible, y eso suele significar usar WordPress + WooCommerce.

Los plugins que uso al principio son:

- Stripe / Monei para los pagos con tarjeta (Monei cuenta con Bizum)
- Join.chat para el chat de WhatsApp
- WebToffee PayPal Express Checkout para los pagos por PayPal
- Contact Form 7 para los formularios

Con este setup tienes una tienda funcional, creada en unas horitas y con capacidad de vender. Si no vendes, créeme, no es por falta de medios.

Sé que habrás leído mil artículos que recomiendan Shopify, al final está de moda y los gurús no pierden oportunidad. Si quieres usarlo seguro que te va a ir guay, es un CMS muy muy bueno (superior a WordPress en muchos aspectos), pero creo que con un WooCommerce vas a poder hacer prácticamente lo mismo a un precio más económico.

Ten en cuenta que ese dinero que puedas ahorrar en la partida de diseño web en tu primer año podrá ir directo a marketing y producto, que es lo que sí te va a hacer vender de forma directa.

Al grano.

¿Qué necesitas para montar un Woo?

Fácil, vas a necesitar los siguiente:

- Un dominio, que será tu nombre en internet (Namecheap, Don Dominio…)
- Un hosting, que será donde tu web se aloje (Raiola Networks, Webempresa…)

Y ya, con eso vas que sobra. No es mi objetivo hacer una guía de la parte técnica de cómo crear la tienda, así que te dejaré varios tutoriales que creo que son buenos y explicativos:

https://boluda.com/tutorial/woocommerce/ (Joan es un clásico de la formación en marketing digital, su academia merece mucho la pena)

https://aulacm.com/woocommerce-tienda-online-wordpress/ (otros decanos de la formación, también por escrito)

https://www.youtube.com/watch?v=SbaIQyh0B4c&ab_channel=SofiaWeb (no la conozco, pero quería dejar un vídeo, aunque tienes 100.000 que te explican cómo montar un WooCommerce)

Recuerda, no quiero que pierdas más de un día en montar la plataforma MVP, si dudas entre dos temas échalo a suertes, no es algo que vaya a interferir en tu negocio al menos al principio.

Después, cuando ya estés facturando como un@ loc@ ya te encargarás de dejar el diseño en manos profesionales, aunque ahí ya quizá ni siquiera quieras hacerlo porque verás que convierte igual una web fea que bonita.

PUNTO 4: COPY Y LOOK AND FEEL

El copy es de lo primero que ven los usuarios junto con las imágenes, muchos expertos dicen que los usuarios no leen, pero yo no estoy de acuerdo. Si tú tampoco, este capítulo es interesante.

Tono

Encuentra tu tono, en general mis tiendas tienen el mismo tono que yo porque las redacto yo mismo. Me gusta que tengan personalidad porque cubro temáticas de hobbies, regalos...que son para gente que está de buen rollo, si lo que vendes son urnas funerarias quizá debas cuidar más el estilo (o no).

Un ejemplo que me gusta un montón es copyfly.es, es una copistería (suena a negocio aburrido) que ha sabido adaptarse a su cliente potencial, que son los estudiantes, con copys y diseños agradables.

Es sin duda un ejemplo perfecto para que te puedas inspirar, pero recuerda cuál es tu público y adáptate a él.

Objeciones y lista de features

Lo que siempre pregunto a mis clientes potenciales es ¿Por qué no comprarías mi producto o servicio? Es importante entender las objeciones que tiene tu cliente, porque si las resuelves tendrás media tarjeta de crédito.

"Estaba yo en el retiro tan tranquilo con Pat y unos amigos sacando fotos y disfrutando del sol (que de eso no tenemos en Euskadi). En cuanto nos quisimos dar cuenta se acercó un vendedor ambulante del siglo XXV por lo menos, y me dice ¿Qué tal quedó esta foto? Mientras me enseñaba una foto nuestra impresa en papel Kraft.

Obviamente nos quedamos un poco locos, soy un tío moderno pero quieras o no soy de pueblo jajaj.

De ahí en adelante lección de ventas: andamos de turismo y se va a doblar – tengo una goma - bah, es que no tengo dinero suelto – no te preocupes, tengo datáfono...obviamente se llevó la venta y bien merecida."

Resolver las objeciones deja al cliente en una tesitura difícil de esquivar: me gusta el producto y me da facilidades...¡Pues compro!

Mambo
★ ★ ★ ★ ★ 3363

Succionador de clítoris de Platanomelón

~~52,99€~~ **32,99€**

Color: Azul claro

AÑADIR AL CARRITO ♡

¡Unidades Limitadas!

Klarna. Paga en 3 plazos de 10,99€ sin intereses (0% TAE). Más información

⚕ Discreción total 🛡 Garantia 3 años
🔒 Pago seguro 🔄 Devolución 1 año

Un ejemplo de Plátano Melón, quizá el sex shop más chulo del mundo. Fíjate abajo cómo trabajan devoluciones, garantía, pago seguro y discreción. Por supuesto también tienes los logos de tarjetas, opiniones y el pago a plazos.

Tecnología exclusiva Oh!Tech® by Platanomelón | Sin contacto directo | Más silencioso y discreto | Ondas progresivas

Sumergible en agua dulce | 2 boquillas intercambiables | Diseño inteligente | Innovación de Platanomelón

Lo mismo con las features del producto, puedes verlas y escanearlas de forma sencilla. Sin duda en este eCommerce hacen las cosas muy bien y son un gran ejemplo a seguir.

Reviews

Las reviews son vitales, un ejemplo de Tot-em, que tienen este bloque de reviews con diferentes opiniones en cada página:

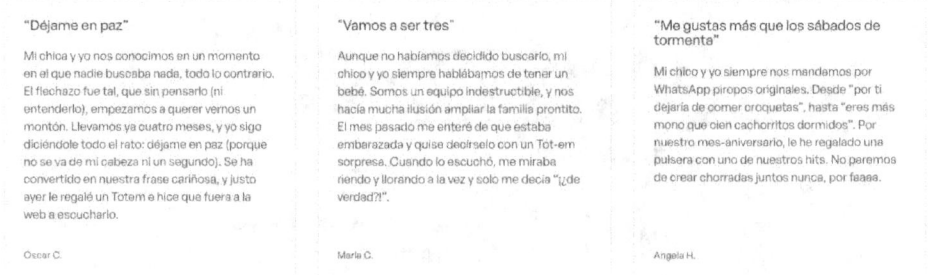

También las reviews de otro proyecto que me gusta mucho, Tropic Feel, es una marca capaz de vender mochilas para viajeros a más de 200 euros, not bad:

Ideal también las de Blue Banana, simple, pero visibles en el producto.

OPINIONES NAVY CLASSIC TEE

★ ★ ★ ★ ★

65 opiniones

★ ★ ★ ★ ★	91%	(59)
★ ★ ★ ★ ☆	6%	(4)
★ ★ ★ ☆ ☆	3%	(2)
★ ★ ☆ ☆ ☆	0%	(0)
★ ☆ ☆ ☆ ☆	0%	(0)

En este punto opino que no es necesario innovar demasiado, y menos para un eCommerce de nicho, pero sí es importante que tengas reviews para convencer a otros usuarios.

Escaneable

La home de Franketheking.com es muy buen ejemplo de proyecto escaneable: qué es, cómo funciona, qué voy a recibir...échale un ojo porque es genial.

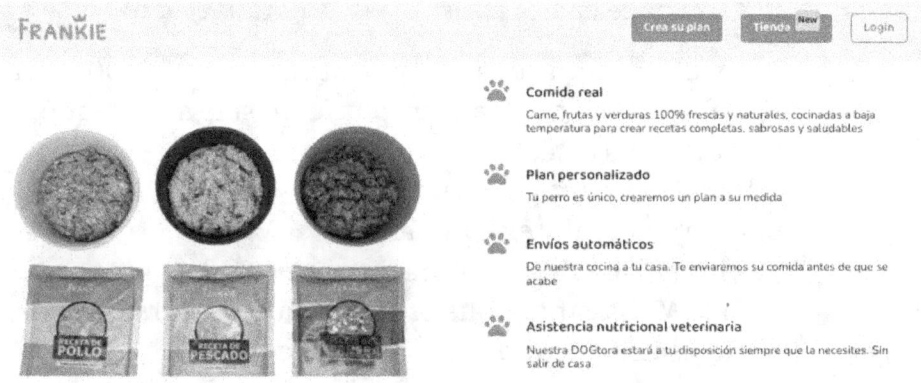

Tropic Feel también lo hace muy bien en el gif de sus productos, puedes verlo en acción aquí:

https://shop.tropicfeel.com/pages/hive-backpack

PUNTO 5: SEO

El SEO está genial, sobre todo si a Google no le da por no posicionarte un proyecto por mucho cariño que le pongas, que a mí me pasa mucho también.

Dicho a grandes rasgos, en mi opinión y sin ofender a ningún SEO, el posicionamiento son dos cositas:

1. Autoridad
2. Relevancia

¿Cómo me hago una web con autoridad y relevante?

Pues generando buenos contenidos y siendo enlazado por webs. En definitiva, dejándote la pasta en ello. Por supuesto hay otras cositas de SEO on page básicas que no voy a detallar, pero:

- Tu web debe ser ágil, no busques 100/100, pero sí deberías tratar de cumplir con ser mejor que tu competencia directa
- Schema es tu amigo, úsalo
- Encabezados, alt text, metas...
- Usa los enlaces internos hacia páginas relevantes
- Google My Business puede ser un buen recurso, si sabes cómo usarlo puede ayudarte mucho

Cositas que puedes hacer en tu web

En cuanto a los famosos "trucos" SEO no tengo de eso, pero sí tengo buenas prácticas que me han ayudado:

Landings por ciudades

Una cosita sencilla de implementar y que generalmente me ha funcionado muy bien son las landing por ciudades. Imagina que vendes cestas de Navidad para empresas, esto es lo que te encontrarás en Semrush, Google o Ahrefs:

Palabras clave proporcionadas		
☐ cestas de navidad madrid	140	
☐ cestas de navidad barcelona	70	
☐ cestas de navidad valencia	90	
☐ cestas de navidad salamanca	20	
☐ cestas de navidad sevilla	90	
☐ cestas de navidad malaga	50	
☐ cestas de navidad zaragoza	70	

Tal y como puedes ver, hay dos cosas que te deben llamar la atención: por un lado, que las búsquedas evidentemente suben conforme se acerca Navidad, y por otro que las personas / empresas hacen búsquedas locales.

Si vas a los resultados de cestas de navidad Valencia, por ejemplo, verás que los resultados son "locales", es decir, las webs que aparecen en primeras posiciones cuentan con su sección de Valencia.

- https://www.sadival.com/cestas-de-navidad-valencia
- https://cestas-marti.com/cestas-de-navidad-valencia
- https://navipack.es/cestas-de-navidad-valencia/

Esto es válido sobre todo cuando el servicio / producto se realiza a domicilio, ya que por ejemplo no tendría sentido crear landings locales de servicio de taller de coches en ciudades en las que no atiendes.

¿Puedes mandar una cesta de Navidad sin estar ahí físicamente?

Rotundo sí, en ese caso, creas una página.

¿Cómo deben ser? Fácil, solo necesitas:

1. Productos
2. Texto SEO
3. Puedes añadir un mapa apuntando a esa ciudad (curioso, pero no va mal haha)

Después, para enlazar esas landings locales puedes crear una página que las agrupe y enlazarla en el footer, así llegará algo de autoridad a las mismas.

Uso de Google Ads

Google nunca ha reconocido que usar Google Ads pueda favorecer tus resultados orgánicos, sería tremendamente ilegal, pero es cierto que si lo usas en las primeras etapas verás que tus resultados SEO se aceleran.

El famoso y controvertido sandbox de Google nos hace pensar que hasta los primeros 6-12 meses una web no suele rankear por nada relevante, y aunque no siempre se cumple, en mi experiencia puede pasarte.

Para evitar esto puedes hincharla de links, de contenidos...pero de lo que yo he probado, lo mejor es tirar de Google Ads en las primeras etapas.

Te dejo una captura de ejemplo:

Tráfico orgánico 13.329/mes

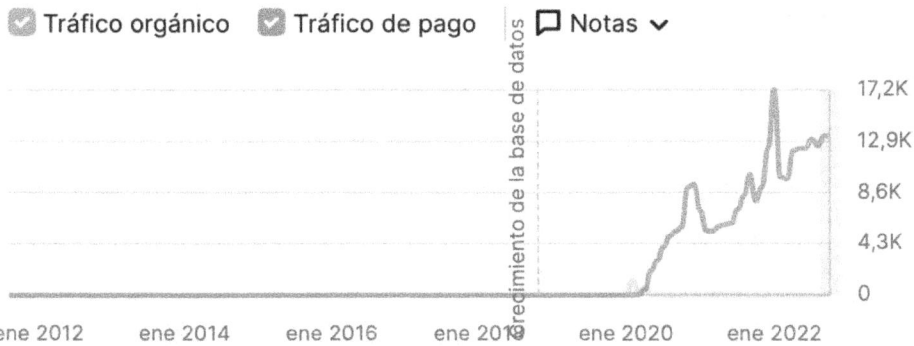

A este proyecto se le hizo 2 euros de Ads diarios durante dos meses, por supuesto no fue set and forget: estuve haciendo contenidos, metiendo nuevo producto, completando la web en todos los sentidos y añadiendo links.

Como ves, a nada que empieza a crecer el tráfico de pago, el orgánico empieza a despertar y moverse en un viaje que espero llegue a los 100.000 de Semrush jiji (a día de hoy tiene unas 600-800 sesiones diarias según Analytics.

Dominios expirados

Otra opción es trabajar con dominios expirados, si no sabes qué son te lo cuento de forma breve: los dominios se compran en bloques de 365 días (1 año, 2 años...), para los que renueven año a año y no tienen autorenovación activada hay un riesgo, que te olvides de renovarlo y caduque.

Una vez el dominio ha caducado puede comprarlo cualquier persona, y de esto, por supuesto nos aprovechamos los makers. Las ventajas son que ese dominio ya tiene un histórico, cierta autoridad e incluso puede llegar a tener tráfico.

Un ejemplo NO eCommerce muy reciente es un dominio que rescaté. Tenía mucho tráfico y contenido, también tenía algunos links chulos. Como me pareció que la temática era interesante, lo compré por 100 euros y pedí que me lo montasen tal y como estaba.

Unas semanas después esta es la gráfica que tiene el dominio:

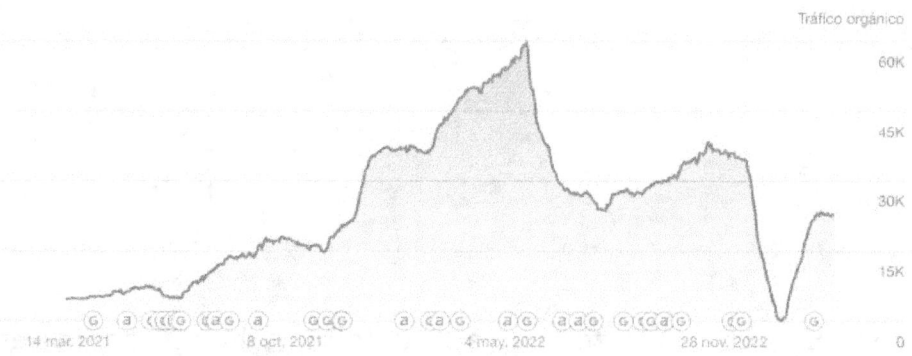

Puedes ver que no se ha recuperado del todo, pero está cerca. Ahora bien, en AdSense no genera casi nada porque soy un paquete, puse anuncios automáticos y ciao, pero tal y como puedes ver en menos de 2 meses habrá recuperado los gastos y me estará generando 70-100 euros al mes sin innovar ni crear contenido.

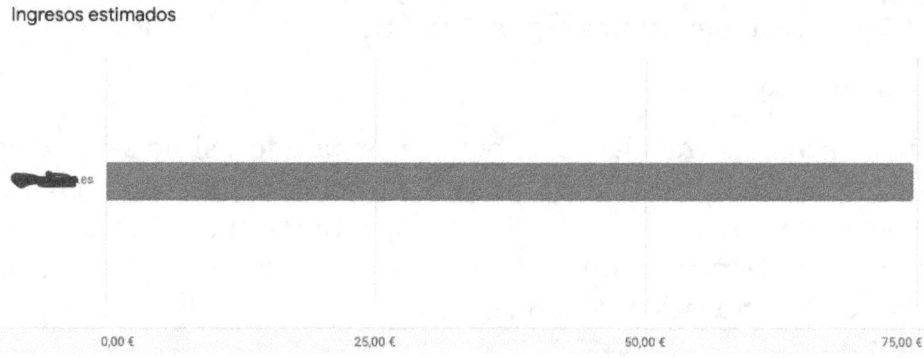

Por supuesto podré hacerlo crecer con más contenido, un infoproducto, afiliados, eCommerce...o incluso podría venderlo por un múltiplo de x20-30, lo que me daría entre 1.500-2.250 euros extra.

(*) Seguramente trabaje este dominio con afiliación, pero ya sabes, la pereza es el mayor pecado de los makers del interné.

También tengo ejemplos de tiendas online, pero en este caso no salieron demasiado bien, la verdad (al menos de momento).

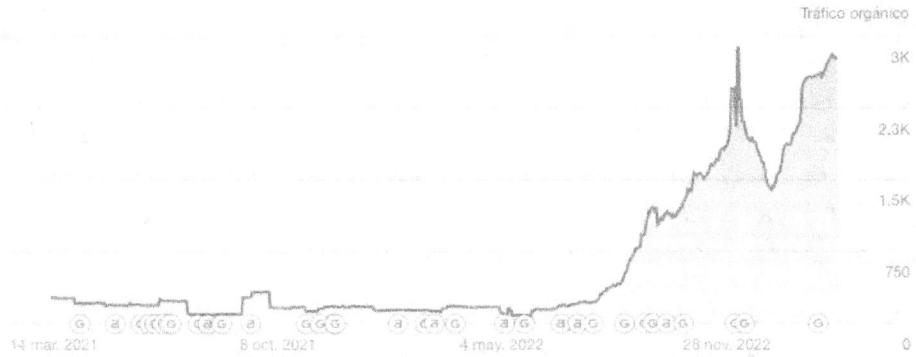

Este expirado lo compré en Ranking Bull por 35 euros (+IVA). El motivo de compra es que es de la misma temática que uno de mis proyectos, tenía links buenos y muy afín. Aunque la gráfica es muy chula, las ventas no lo son tanto:

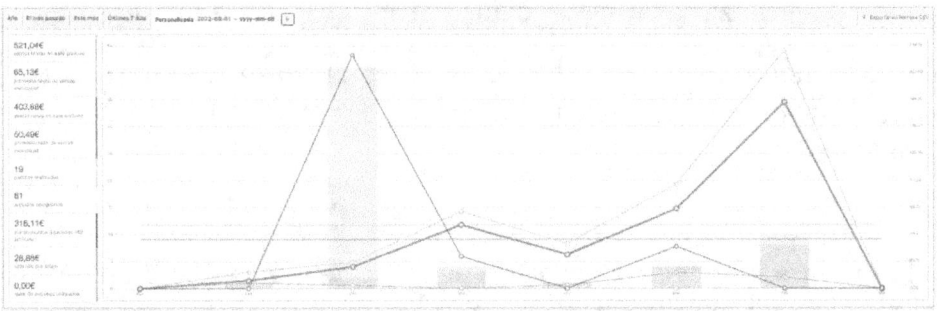

De agosto 2022 a marzo 2023 me ha generado 521 euros en ventas, lo cual es rentable, pero muy poquito. En estos casos lo suelo dejar unos meses, si veo que no tira se lo redireccionaré directamente a la tienda principal y listo.

Categorías de producto

"El texto paja no posiciona" – dijo entre lágrimas.

Vamos a ver, en mi opinión en SEO no hay verdades absolutas, tampoco hay una sola forma de hacer para la mayoría de nichos. Además, no es lo mismo trabajar el SEO en una web de cerrajeros (que es uno de los sectores más guarros) que en una web de flores (por poner un ejemplo white, pero hay mil).

En mi opinión, el texto paja funciona genial si lo colocas abajo, nada de poner un tocho de texto encima de los productos que entorpezca al usuario. En ese texto intentaremos hacer interesante el infumable producto que vendas (imagina escribir sobre el maravilloso mundo de las urnas funerarias o de las pelucas), ya sabes, hablas de él y metes keywords de forma natural, no vayamos a volver a 2010.

En estas categorías procura enlazar de forma que tenga sentido, no me voy a meter mucho en silos y tipos de enlazado interno o estructura, pero a grandes rasgos te diré que:

- Puedes enlazar hacia arriba, es decir, subcategoría puede enlazar a categoría, categoría a home…
- Puedes enlazar hacia abajo, es decir, categoría puede enlazar a subcategoría, a producto, home a categoría…

Puedes elegir cuándo y dónde enlazar en base a demanda y a interés de compra, elige cuáles son tus páginas que traen ventas y enlázalas.

Blog

El blog funciona, claro, pero el blog hay que redactarlo bien. Como todo, si haces bien las cosas puedes recibir ventas, te dejo ejemplo de cómo lo trabajo yo.

El blog no es más que un canal de captación extra al que destinas recursos (tu tiempo de redacción o el coste de un redactor), por lo que es interesante medirlo bien. Una cosita que aplico yo es añadir cupones para el que llega al blog y decide comprar, con esto consigo primero animarle un poco más y segundo medir la rentabilidad de esta partida.

¿Cómo funciona el inbound?

Lo primero diferenciamos inbound (marketing de dar, no invasivo y aporta información al usuario) del outbound (marketing de la distracción, estás en casa fregando tan a gusto y te llaman de Vodafone). El inbound en SEO requiere de demanda, en este caso que alguien busque algo en Google.

Recuerda, si haces artículos informacionales para keywords alrededor de tu proyecto podrás recibir tráfico, pero no todas las keyword informacionales valen lo mismo ni te traerán ventas, un ejemplo puede ser este, imagina que tienes una web de microcréditos, te dejo las búsquedas de "quiero irme de casa pero no tengo dinero":

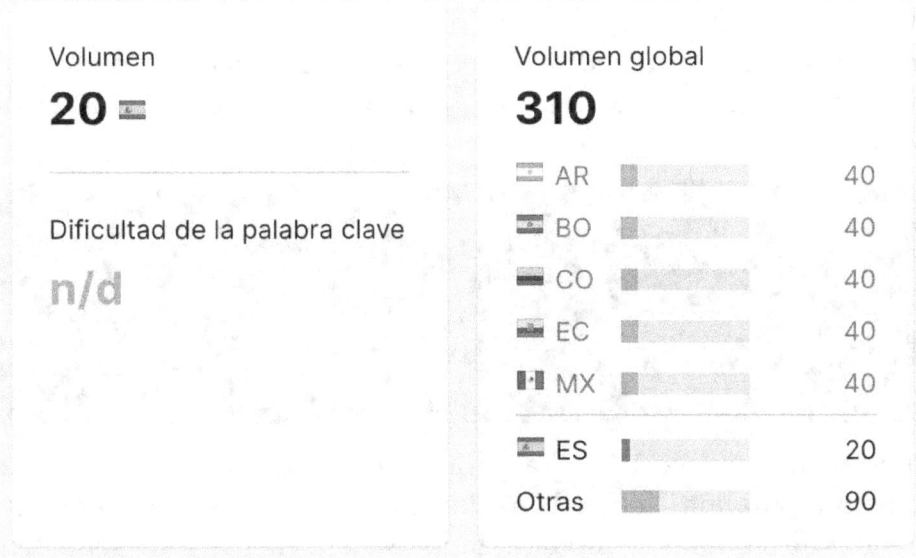

¿Crees que esa persona que busca que quiere irse de casa pero no tiene dinero va a contratar tu servicio? ¿Crees que tu producto es válido? Si la respuesta es que sí, dale caña, si como yo crees que no, pasa de este contenido. Debemos tener en cuenta que el inbound cuenta con diferentes fases:

Fuente: ni idea, es de interné

No es lo mismo una persona que tiene un problema y busca sobre él (consciencia) que una persona que busca si es mejor el iPhone 11 o el 12 (compra). Sin duda, cuanto más cerca de la compra estemos, más cualificado estará el lead. Esto es vital, si entiendes esto tienes la llave para crear contenidos que traigan visitas y ventas, si no lo entiendes puede que malgastes dinero.

Ten en cuenta que el inbound es válido tanto en tu propio blog como en terceros, hablo más de esto en linkbuilding.

Fechas de compras

Me gusta mucho no hacer Black Friday, Cyber Monday, rebajas ni ninguna mierda de ese estilo, pero hay sectores en los que es muy necesario, para esto, yo lo que suelo hacer con clientes es crear landings para cada uno de esos eventos. No es nada nuevo, lo puedes ver en miles de tiendas, te dejo el ejemplo de FNAC en el footer:

Una página con su URL fija para trabajar durante el año, y que funcione cuando llegue la fecha. Esto sobre todo lo verás en tiendas de tecnología, moda…como te decía, nichos muy sensibles a los descuentos y rebajas.

Cositas que puedes fuera de tu web

También es interesante, claro que sí. Soy amante de los links, me encanta todo lo que tiene que ver con el linkbuilding, tanto que (MOMENTO SPAM) he creado una herramienta que te ayuda a monitorizar tus links llamada Wholinks.me, échale un ojo.

Spam hecho, vamos a los tips:

Notas de prensa

Las notas de prensa no son la panacea, de hecho la mayor parte de la gente las usa MUY mal. Con esto no quiero decir que yo tenga la verdad absoluta en todo, cosa que no descarto, pero creo que lo hago con más cariño y por eso los resultados son mejores.

El primer shock es que tu crush es súper chulo y nos encanta a todos, pero casi seguro que no va a ser lo suficientemente interesante como para generar una noticia alrededor de él. Es por eso que puedes adaptarte al medio, y encontrar un hecho noticiable en tu sector, añadiéndote como fuente. Eso sí puede interesar a un periodista.

Uno de los últimos ejemplos que trabajé fue durante la subida del precio de la luz, y fue para un cliente que vendía calderas.

¿Qué hice? Fásil, me encargué de crear (en realidad pedí que lo hiciesen) la mejor comparativa de calderas de todos los tipos vs eléctricas con el objetivo de que saliese publicada en diferentes medios.

Que mi cliente haga un artículo hablando sobre lo guays que son no se va a publicar nunca, pero un artículo de experto en su sector y en una temática en tendencia...pues evidentemente funcionó bien. Luego como todo, si quieres que las notas de prensa sean naturales y no duplicadas tendrás que mandar diferentes artículos a cada medio, contactarlos de forma más manual y dedicar más tiempo, pero ten en cuenta el precio de medios de primer nivel:

Nombre	DA	DR	Visitas	Extra	Dofollow	Precio
El Mundo	93	n/a	93.4m	🏷️	⊘	3500 €
Diario de Valladolid (El Mundo) promo	94	89	89.9m	🏷️</>	✅	152 € ~~220 €~~
El Mundo (secc. Sapos y Princesas)	94	89	63.9m		✅	650 €
El País	94	n/a	55.3m		⊘	9250 €
20 minutos	93	n/a	32.9m		⊘	3950 €
Mundo Deportivo nuevo	92	n/a	26.9m	🏷️	⊘	9900 €
La Vanguardia nuevo	93	n/a	25.7m	🏷️	⊘	9900 €

Es una tarea que merece la pena, pero que no puedes aplicar siempre que quieras, tienes que andar vivo y aprovechar la oportunidad.

Para contactar a los medios puedes usar LinkedIn, Google…y por supuesto Sprai.io, que es una alternativa chula y válida para cuando no sabes por dónde tirar. Otras plataformas interesantes que tienes para captar enlaces de calidad de manera orgánica son reportaro.com y expertomy.com.

En ellas te puedes listar como experto y te llegarán avisos de medios / periodistas que necesitan una fuente experta en X temática para un artículo, si cumples te presentas como opción y si les interesa te contactan para completar su artículo (no siempre conseguirás enlace, aviso).

Publicado en	Qué busca el medio	Categorías	Fecha Cierre	Aplicar
	Busco expert@s para una entrevista sobre el por qué los jóvenes utilizan memes para comunicarse.	Comunicación	Hasta el lunes, 13 de marzo	COMPARTIR APLICAR

PD: En EEUU funciona muy bien HARO, Help a Reporter Out, échale un ojo.

Marketplaces vs manija

No nos engañemos, puedes ser el mismísimo Pipi Estrada con su maravilloso y nada spammer negocio de enlaces en prensa, que casi seguro si tu sector merece la pena vas a tener que pasar por caja.

Para hacerlo tienes dos opciones: tirar de marketplaces o hacerlo a mano. Las ventajas y desventajas de cada una son sencillas de averiguar, por lo que no entro en detalles, pero te cuento que yo lo que suelo hacer es combinar ambas opciones.

En cuanto a marketplace, los principales son:

- Publisuites
- Growwer
- Prensalink
- Unancor
- Prensarank
- GetLinko

PD: Tengo una gran relación personal y de negocio con algunos de ellos, por lo que si me preguntas cuál es el mejor puede que mi opinión esté sujeta a ello. Por eso, por ser más "fair" listo los que me parecen los 6 mejores de forma objetiva y cada uno que revise catálogo :P

Por suerte en España el tema de las plataformas está muy bien, tienen un huevo de medios y cada vez van creciendo más en cuanto a funcionalidades haciéndonos la vida mucho más fácil. Ten en cuenta que conseguir links a manija es duro y requiere mucho tiempo (el % de éxito del outreach es bajo), pero con estas plataformas todo se agiliza muchísimo.

Puedes filtrar por temática, país, tipo de dominios...todo lo que quieras, una vez encuentras un medio que te convence pones las directrices de redacción y listo:

OJO, vender enlaces en este tipo de plataformas también es un gran negocio, yo gano entre 500-1.500 euros extra al mes con esto.

En caso de que no quieras comprar en marketplaces o que por el contrario, quieras combinarlos con medios más exclusivos, puedes hacerlo del siguiente modo:

1. Encuentra las keyword pretransaccionales alrededor de tu nicho, es decir, lo que tus potenciales clientes pueden buscar antes de hacer la compra (si te centras en las transaccionales te encontrarás competidores que no te venderán un link)
2. Lístalas en un Excel o Spreadsheet con la URL concreta en la que quieres que te enlacen y analiza sus métricas
3. Contacta con ellas (yo mando un mail y otro de seguimiento si no responden) y saca el precio y las condiciones
4. Con las que te interesen contacta y contrata

Es un proceso aburrido, pero la rentabilidad es buena porque si eliges bien estarás recibiendo tráfico de referencia desde que pongan tu link.

<spam>No es común, pero algunos medios quitan links al cabo de unas semanas o meses, y lamentablemente me ha tocado, por eso hice Wholinks.me. Te dejo unos ejemplos de dominios que me han quitado en los últimos meses en un blog. Como puedes ver, se va dinerito :(

URL	GI	Robots	Target URL	Anchor	REL	Moz DA	Spam Score	EFL	Cost	
https:// .com/gastronomia-espana/comida-tipica-madrid/ 03/09/21	G	-	-	-	-	32/100	0 %	0	60 €	
https://www. /ideas-de-lugares-donde-comer-en-madrid/ 24/09/21	G	-	-	-	-	35/100	0 %	0	69 €	
https://www.: .com/los-mejores-restaurantes-romanticos-de-madrid/ 19/11/21	G	-	-	-	-	29/100	0 %	0	50 €	

Hasta aquí el </spam>

¿Cómo debe ser un link?

Un link debe generar negocio, si no lo hace…mal asunto. Te dejo una captura de lo que han generado los links de uno de mis proyectos en los últimos 24 meses:

Fuente	Adquisición			Comportamiento			Conversiones Comercio electrónico		
	Usuarios	Usuarios nuevos	Sesiones	Porcentaje de rebote	Páginas/sesión	Duración media de la sesión	Tasa de conversión de comercio electrónico	Transacciones	Ingresos
	10.812	9.440	12.587	36,01 %	3,15	00:01:52	5,02 %	632	24.209,74 €
1.	3.611	3.454	4.033	28,09 %	3,14	00:01:42	0,47 %	19	728,48 €
2.	1.535	1.438	1.612	18,73 %	3,65	00:01:35	0,25 %	4	256,08 €
3.	1.023	907	1.119	29,04 %	3,11	00:01:28	0,00 %	0	0,00 €
4.	777	761	849	44,29 %	3,02	00:02:06	0,59 %	5	162,61 €
5.	421	395	473	27,91 %	3,96	00:02:14	1,06 %	5	197,51 €

Toca a una media de 1.000 euros extra al mes, lo cual no está nada mal ¿No? Para conseguirlo debes trabajar los links de tu proyecto exactamente igual que lo haces con tu blog, aplicando el inbound en las diferentes fases y aprovechándote de la autoridad de cada medio.

Te recomiendo que no te tomes los links como una especie de

métrica rara que con suerte te dará autoridad, utilízala en tu beneficio para generar ingresos.

Authority Threshold

Uno de los bloggers que más me gustaba (antes de que se hiciese lo suficientemente rico como para pasar de los negocios) es Nat Eliason, que tiene un blog con su propio nombre. En él cuenta ~~contaba~~ muchas cosas alrededor del mundo del SEO y de negocio.

También tiene una agencia, y uno de los post la verdad es que describe mejor que yo cómo pienso que funciona la autoridad en SEO. No me voy a extender, el post es este, échale un ojo:

https://www.growthmachine.com/blog/critical-authority-threshold

Creo que si no lo has leído son unos minutos bien invertidos.

PUNTO 6: ESCALAR AL EVEREST

Escalar una tienda no es fácil, por un lado siempre puedes trabajar mejor los canales de captación de tráfico, por otro, debes mejorar la conversión para conseguir que más visitantes compren tu producto.

Yo no soy experto en CRO y UX, pero he ido practicando y probando cosas que han ido funcionando en mayor o menor medida.

Más ventas

Aquí veremos los aspectos que puedes mejorar para vender más

WhatsApp

WhatsApp es el mejor servicio para aumentar tus ventas, de verdad. Es gratis, pero la verdad es que es implementarlo en una tienda con tráfico y ya me empiezan a llegar mensajes y compras.

Yo lo implementaría cuando ya tengas tráfico, y evidentemente debes usarlo para responder las dudas y mejorar tus procesos porque se trata de una herramienta de feedback instantánea.

Muchas preguntas son poco relevantes ¿Cuándo llega mi pedido? ¿Estáis abiertos? ¿Vendéis en X pueblo? Es común que te pregunten cosas que ya están respondidas de sobra en tu web, pero también hay otras que te consultan cosas interesantes.
Por ejemplo, en una tienda de regalos, después de mandar varios

productos a la dirección de facturación por error del cliente, se quitó la dirección de facturación, y solo se pide la de envío. Lo mismo con el nombre y dirección:

NOMBRE

Mejor si pones el nombre de quién lo va a recibir

APELLIDOS

Aquí sus apellidos

PAÍS / REGIÓN

España

DIRECCIÓN DE LA CALLE

Número de la casa y nombre de la calle

Lo mismo con el teléfono y mail, mail para el que hace la compra y teléfono de quien lo va a recibir:

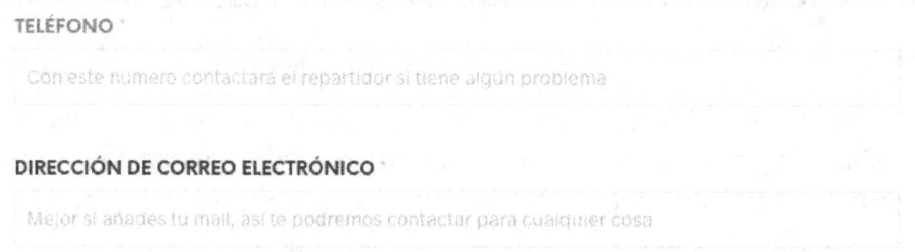

TELÉFONO

Con este número contactará el repartidor si tiene algún problema

DIRECCIÓN DE CORREO ELECTRÓNICO

Mejor si añades tu mail, así te podremos contactar para cualquier cosa

Todo esto no lo sacas de otro modo que con WhatsApp o con una línea de comunicación directa con tu cliente. Añádelo y te garantizo que no te vas a arrepentir.

SPAM de valor: otro de mis proyectos de este año será Onalo.es, échale un ojo y si cuando lo leas ya está funcional lo mismo te interesa ;)

Flyer promocional

En cada pedido mando un flyer promocional con descuento para el que lo recibe. Ten en cuenta que la mayor parte de mis tiendas venden regalos, y al final esto tiene una ventaja: por cada compra, tengo otro lead que puede estar interesado en comprarme en el futuro, por eso lo aprovecho.

He creado un cupón que va en los flyers y que además de agradecerle y desearle un buen cumpleaños, una feliz boda, aniversario o lo que sea, me permite medir el impacto de esta acción.

Yo personalmente no uso mucho las redes sociales, pero como idea de Miguel Ángel Pérez añadí un sorteo mensual entre todos los que suban fotos con un hashtag concreto, de ese modo también puedo medir el ROI de esa acción.

Internacionalizar

Internacionalizar una tienda online es de las cosas más interesantes para hacer crecer un proyecto, al final se trata de vender lo mismo en diferentes países, pero el momento en que lo hagas es vital. Está claro que antes de lanzarte a vender en otros países debes saber vender bien en el tuyo, más que nada por tema idioma, costumbres...

Antes de internacionalizar te cuento algunas cosas:

- En general lo más sencillo es vender en península y Baleares (añade Portugal como país al que envías, los precios son igual de sencillos)
- Vender a Canarias, Ceuta y Melilla es un dolor de cabeza
- Italia (excepto islas), Francia, Alemania (es caro todo)... tienen menos barreras de entrada como segunda ronda
- Polonia y demás países que no tengan euro los trabajaría más adelante
- UK se ha complicado con el tema Brexit

- EEUU requiere más trabajo

Por lo demás las normas son sencillas:

- Adapta los precios a los mercados
- Utiliza traductores nativos, aunque al principio puedes ir más MVP y hacerlo con Deepl
- En Europa no necesitas un centro de fullfillment, simplemente el envío tardará 2-4 días, pero si quieres trabajar en EEUU y en el resto del continente sí que te lo recomiendo
- Trabaja bien las políticas de devoluciones y cambios, cada país tiene sus condiciones y deberás controlarlas. Quizá algún país no sea interesante por el mero hecho de que las condiciones no son buenas

En cuanto a linkbuilding, lo que más te ayudará a posicionar cada país es que consigas links que sean de ahí, pero yo doy más prioridad a los links de países más económicos como España, Portugal, Italia, Polonia...ya que la suma de todos ellos puede hacerte crecer también en los demás. Alemania, UK, Dinamarca... tienen costes MUY altos a la hora de pedir redacciones, links...ten esto en cuenta antes de abrir un país nuevo.

Cartas de amor (o sin amor)

Este tip no es válido para tiendas que tengan un ticket medio bajo, ya que en ese caso quizá no te sea rentable. Te pongo en contexto, tengo una tienda online con un ticket medio de 100 euros, y un buen margen de beneficio.

¿Qué se me ocurrió? Mandarles una carta manuscrita a los 20 mejores clientes, contándoles cómo empezó la tienda y lo importantes que han sido en el desarrollo. Ha sido mi inversión más rentable, no tengo los números a mano (los debí guardar tan bien que no los he encontrado), pero creo recordar que de los 20 compraron 13 en los siguientes meses generando una buena facturación.

Si te da pereza redactar puedes subcontratarlo o hacerlo con una máquina, creo recordar que Mario Armenta tiene una, en Estados Unidos hay varios proyectos que se encargan de hacer eso, te dejo un ejemplo: handwrytten.com.

Notificaciones

Las notificaciones pueden parecerte spammy en cierta medida, y probablemente tengas razón, pero aquí hay dos cositas, la primera es que tú no eres tu público potencial (si te dedicas al marketing está claro que eres menos susceptible de este tipo de mensajes) y la segunda, como todo, hay que hacerlo bien.

Yo uso Get Conver de Mario (Mario, vas a salir más en este ebook que...) porque me ayuda a recordar a los usuarios las cosas que me preguntan constantemente al WhatsApp. Además, puedo personalizar el momento y las URLs en las que deben salir.

Notificación	Disparador (trigger)	Duración
Notificación home y prod ⓘ Informational	4 segundos Espera (segundos)	10 segundos
Notificación - Valladolid ⓘ Informational	4 segundos Espera (segundos)	10 segundos
Notificación - Donosti ⓘ Informational	4 segundos Espera (segundos)	10 segundos

Mejora las páginas que convierten

La ley de Pareto de la que tanto has leído en innumerables números de autoayuda y vendehumismo, pues sí, como no podría ser de otra forma aquí también te voy a hablar del 80/20.

Al final, la idea es que cuando tienes una tienda que empieza a ser grande no puedes hacerla crecer en todas las verticales, de hecho sería un error trabajarla toda en horizontal. Lo que yo hago al menos es trabajar las áreas que mejor funcionan y mejorar sus documentos gráficos, copy, opiniones…

Un poco de todo, todo lo que pueda ayudar a crecer. Por supuesto también puedes trabajar los test A/B, pero créeme, sólo va a tener sentido si ya tienes tráfico de verdad. Si solo te visitan 30 personas a la semana no vas a poder sacar conclusiones de nada.

Bundles

Los bundles son ideales, se trata de hacer packs de productos que se compran juntos habitualmente. Imagina que como weareknitters.com vendes productos para tejer, joder, yo qué idea tengo de cómo se teje…pues creas un pack de productos que sabes que van a necesitar y lo vendes junto. De ese modo, el cliente sabe que está comprando todo lo que necesita, es por eso que el poder de los bundles te puede hacer vender más.

Similar funciona el cross selling, que también es un recurso muy interesante, con él permites que tus usuarios compren otros productos que completen el principal, esto lo hace muy bien Amassson:

Comprados juntos habitualmente

Precio total: 113,28 €

Añadir los tres a la cesta

☑ **Este producto:** ARMAF, Club De Nuit Woman Eau De Parfum 105 ml **31,90 €** (30,38 €/100 ml)

☑ Perfume intenso para hombre Club De Nuit de Armaf, EDT, 105 ml **42,05 €** (40,05 €/100 ml)

☑ Eau de parfum para mujer Armaf Club De Nuit Intense, 105 ml **39,33 €** (37,46 €/100 ml)

Social proof y over deliver

La prueba social con las opiniones y demás, esa mi#rda siempre funciona, sobre todo si son reales, con su fotito y demás.

Para conseguir buenas reviews el primer paso es el over deliver, hacer las cosas un punto mejor que bien. Lo que digo no es sencillo y a la vez es muy evidente, pero una de las primeras cosas que haría es analizar a la competencia y a mi cliente potencial.

En el caso de un regalo ¿Qué quiere el cliente que lo compra?

Pues es evidente, lo primero que quiere es QUEDAR BIEN. Sí, quedar bien con mayúsculas.

¿Cómo le puedo ayudar a quedar bien? Algunas ideas:

- Añadiendo algún detalle extra
- Añadiendo una nota personalizada gratuita con la que personalizar su regalo
- Un QR con un vídeo del que hace el regalo
- NO metiendo la factura jajaj (esta es la más importante)

Hay mil formas, recuerda cuándo te han hecho un over deliver y aplícalo. Después, la tecnología es sencilla, puedes usar cualquier plugin o incluso un sello de calidad:

- Testimonial.to
- Revi.io

- eKomi
- Confianza Online
- Trusted Shops

Lo que te digo siempre, la tecnología es lo de menos, lo más importante es que funcione bien. Un ejemplo que me encanta y en el que me fijo mucho es Weareknitters.es, aquí puedes ver cómo generan autoridad con estos dos módulos de prensa y social proof.

Vídeos y fotos

Esto es algo en lo que me quiero centrar en 2023, en generar un mejor contenido gráfico. Sobre todo porque es lo primero que un usuario ve, y generalmente lo que termina de convencerlo de que comprarte es una ~~buena~~ muy buena idea.

A mi hay varios proyectos que me gustan mucho, te dejo algunos:

- Bloomandwild.com
- Dollarshaveclub.com
- Trainingmask.com

Hay ejemplos para todos los gustos, la verdad, así que te dejo unos cuantos. Si conoces alguna otra mándame y los iré añadiendo.

Automatizaciones

Esto es la clave de todo eCommerce, si tu tienda depende de crear nuevos clientes todos los días estás en serios problemas. Ojo, yo he estado así durante mucho tiempo, pero es una etapa que tienes que abandonar y abonarte al mundo de las automatizaciones.

Personalmente uso 3 automatizaciones:

Pop up con descuento para usuarios que pasan más de 25 segundos en el carrito:

1. Añade su mail en el form
2. Se le envía el descuento con duración de 48 horas y las instrucciones para usarlo (muchos preguntaban en WhatsApp cómo se hacía)
3. Si compra acaba la automatización, si no compra se reenvía un mail 24 horas después recordando que es la última oportunidad para conseguir el descuento
4. Si compra acaba la automatización, si no compra se añade una etiqueta de "interesado no compra"

Carrito abandonado:

1. Esta es la clásica, pongo el campo de mailing arriba y una vez lo rellenan el plugin lo guarda
2. Si el cliente no finaliza la compra le llega un mail a los 30 minutos dejándole un recordatorio
3. Si compra acaba la automatización, si no compra se reenvía un mail a las 24 horas con un descuento con 24 horas de duración
4. Si compra acaba la automatización, si no compra se añade una etiqueta de "carrito no compra"

Bienvenida:

1. Cliente hace compra en la web
2. Se le añade en una automatización de 6 emails contándole quiénes somos, qué hacemos...y recordándole que estamos ahí para lo que necesite.

Con estas simples automatizaciones he conseguido generar casi 1.000 contactos y 4.500 euros extra en menos de 2 meses:

Performance

Contacts	Emails Sent	SMS Sent	Total Orders	Total Revenue
907	899	0	131	4.484,03€

Repito, no soy experto en esto, pero yo uso FunnelKit por recomendación de mi colega Miguel Ángel Pérez, me va muy bien, la verdad.

Error común de WooCommerce

Siempre veo estos errores que son muy simples pero que impactan mucho en las ventas.

El primero es que debes permitir comprar desde cualquier país, pero solo enviar a España y Portugal (o donde quieras vender), porque por defecto esto no viene así, y muchas veces impedimos comprar a gente que compra desde UK, México y demás países, pero quiere mandarlo a España.

Esta captura es de una tienda que solo entrega en España, pero como ves, ha vendido algo más de 10.000 euros en otros países. Al final la gente regala o compra cositas a sus familiares y amigos, aprovéchalo.

Más comodidad

Vender más es bien, pero vender mejor es aún mejor.

Métodos de pago

Elimina todo lo que te genere trabajo, es una pereza andar revisando transferencias, cheques…yo lo tengo claro, el que quiera comprar que se adapte a mis métodos:

- PayPal
- Tarjeta
- Bizum (con Monei o con tu banco)

Y se fini…no uso más métodos. Podría cobrar contrareembolso, por transferencia y de mil modos más, pero todos añadirían más trabajo y más problemas.

Suscripciones

La principal ventaja de las suscripciones para el usuario es que es más cómodo, te suscribes y cada mes te llega tu producto. Una de las tiendas que más me gustaron en su momento con este modelo fue la de dollarshaveclub.com, que vendía maquinillas de afeitar en monthly basis. Es cierto que nunca he sido muy barbudo y por eso no les he comprado nunca, pero mola mucho (esta empresa se vendió a Unilever por 1 billón americano…).

Un ejemplo más aplicable a tu proyecto puede ser el de Animalear, aunque hay muchas opciones. Cogen un producto que necesitas de forma recurrente como el pienso para tu mascota y te dan la opción de ahorrar suscribiéndote al producto.

Precio estándar

15,79 €

Precio compra periódica

15,32 € Ahorras 0,47€ extra

¡Ahorra programando tus pedidos! + info

Entrega prevista en 3-5 días laborables

− 1 +

Añadir al carrito

Envíos

Automatizar los envíos tampoco te va a hacer vender más, pero sí te va a ayudar a vivir más tranquilo. La idea es que tengas un proveedor fijo, yo por ejemplo trabajo con MRW y Correos Express para nacional y UPS para internacional, pero como al principio no tendrás volumen para negociar tarifas puedes usar pro.packlink.com.

Packlink es un comparador que te ayudará a aprovecharte de sus precios negociados, al mover volumen tienen precios más competitivos, y además, al igual que el resto de transportistas, tienen plugin de WordPress para ayudarte a automatizarlo.

Por supuesto también puedes trabajar con un centro de fullfillment que se encargue de preparar y enviar tus productos. Si tu producto no requiere personalización es ideal porque puedes tenerlo ahí guardadito y conforme lleguen los pedidos ellos se encargan de todo el proceso.

PUNTO 7: WEBSITE FLIPPING, COMPRA Y VENDE WEBS

Llega un momento en la vida de todo emprendedor en el que decide comprar o vender su negocio, al menos explorar la opción.

Si tu negocio va creciendo quizá quieras comprar algún proyecto afín y hacerlo crecer. Imagina que vendes bisutería y resulta que encuentras una tienda de ropa con la que podrías hacer crecer tu volumen de negocio. Puede ser buena idea, todo es verlo.

Lo mismo si llega un momento en el que vas en bajada (de motivación, económica, no tienes tiempo…), quizá sea momento de vender tu proyecto (alias CRUSH) y sacar un dinerito.

Plataformas de compraventa

Hay un montón, te las listo en orden de interés (según mis métricas inventadas y propias, claro):

- WeVendy
- Wadios
- Trustiu
- MoaFlip
- EntreBusiness
- Milanuncios (poca especialización, pero a veces hay cositas)
- DuaBid (rara vez hay cosas nuevas)

- Forobeta (un poco más de nichero que de negocios serios)

Además, si controlas inglés puedes revisar también:

- Flippa
- MicroAcquire
- IndieMaker

Hay un poco de todo, pero es interesante estar atento por si te sale algo afín. Eso sí, tienes que valorar muy bien las compras y las ventas, ya que establecer un buen pricing en cualquiera de los dos casos puede cambiar mucho el resultado de tu negocio.

[Ejemplo práctico: Una de las últimas webs que vendí me costó 400 euros en redacción y dominio, también habría que sumar algo de mi tiempo, aunque generalmente subcontrato esta tarea.

Generó 2.000 euros los primeros meses en afiliados de Amazon, y la vendí por 8.000 euros a los 6 meses.

¿Es mucho? ¿Es poco? Depende...

Se me ocurren pocos negocios que generen +10.000 euros en medio año sin ningún tipo de dedicación, pero tú tienes que ver tu perfil, si te gusta crear y vender o prefieres crear y mantener. En mi caso tengo 1.000 ideas y me cuesta poco montar proyectos, a la vez soy muy malo haciéndolos crecer a largo plazo porque me aburro, por eso yo funciono así.

¿En qué casos merece la pena comprar un proyecto?

No es fácil, pero se me ocurre:

- Si tu negocio está llegando a su máximo de captación de tráfico y tener un segundo proyecto puede hacerte facturar más
- Si el negocio que puedes comprar cuenta con un factor

interesante (tecnología, diseño, producto, recursos online...)
- Si el negocio que puedes comprar pertenece a un nicho más concreto o menos concreto que te permita crecer (ejemplo: vendo bicis y compro una tienda de longboards)
- Si es una buena oportunidad en general

En general no es fácil, además siempre está el factor precio y ROI. Los múltiplos que se suelen ver en internet van de un x10 a x40 de beneficios, pero hay vendedores y compradores de todo tipo.

PUNTO 8: SITIOS EN LOS QUE INSPIRARSE (Y COPIAR)

La inspiración te tiene que pillar trabajando, eso es así, por eso te dejo algunos sitios chulos en los que te puedes inspirar. Personalmente me fijo mucho en el mercado inglés porque van un par de pasos o tres por delante, pero como todo, no siempre es extrapolable porque cada mercado es un mundo.

- Thopenprojects.io: proyecto de Mario y Peris, cuentan ideas de negocio y cómo las puedes implementar desde su experiencia, que no es poca
- Starterstory.com: cuentan historias de emprendedores, ponen foco en facturación
- Indiehackers.com: es otra de las webs típicas en el entorno marker
- Producthunt.com: hasta ahora no he usado esta web para lanzar, más que nada porque no he trabajado el mercado global, siempre me he centrado en España o Europa, pero es un gran altavoz
- Failory.com: su enfoque es algo diferente, da visibilidad a ideas que no funcionan, al contrario que Starter Story (aunque también tienen casos de éxito)
- Microsaasidea.com: estoy suscrito porque siempre es interesante conocer ideas y nuevos nichos de los que sacar tiendas, SAAS o lo que sea
- Reddit.com: hay mil subreddits interesantes, es un

Forocoches vitaminado

- Etsy: es un Marketplace de productos personalizados, merece mención porque si te va el handmade y los productos personalizados es un sitio ideal, hay algunas herramientas que te ayudan a investigar y estimar ventas de cada producto
- Ecommpills de Jaime Mesa: incansable, cada semana aporta valor alrededor de las tiendas online
- Founderbeats.com: entrevistas a emprendedores que gestionan negocios rentables

Por supuesto, estar al día de nuevas medidas también ayuda, para esto puede valerte lo mismo ver Equipo de Investigación, el telediario o leer una revista más general como Emprendedores.es. Te dejo algunos ejemplos recientes de medidas que generan negocio:

Luces V16

A partir del 1 de enero de 2026 será obligatorio usar la luz V16 en el coche, que sustituirá los triángulos actuales. Echa un ojo a help-flash.com, producto "obligatorio", buen timing, poca tecnología, demanda, seguro que buen margen…en definitiva, una buena idea.

Matrículas azules

Desde el 1 de agosto de 2018 es obligatorio usar matrículas azules para taxis y VTC. Se trata de un caso muy similar al anterior, aunque en este caso lo veo menos interesante porque se dirige a clientes profesionales que ya tienen sus talleres de confianza, además necesitas máquinas y permisos.

TicketBAI

En Guipúzcoa se ha implementado ya el sistema TicketBAI, y pronto se hará en el resto de Euskadi. Esto nos obliga a facturar todo de un modo concreto (no me preguntes más, yo ni idea de estas cosas jaja), y como con todo cambio, los negocios deben invertir en nuevas herramientas. Un ejemplo que se ha sabido adaptar es ticketbaiws.eus.

Además de estos se me ocurren mil cambios del gobierno que obligan a las empresas y particulares a cambiar procesos, todos ellos te pueden servir de inspiración para vender un producto, servicio, acceso a un software...lo que se te ocurra.

PUNTO 9: PREGUNTAS INCÓMODAS Y FINALES

Como sé que quizá tengas algunas preguntas concretas, voy a intentar responderlas, pero si ves que queda algo en el tintero escríbeme a fran (a) belidera.com y estaré encantado de responderte.

Fran, he leído que Amazon es ideal para vender

Puede ser, según tengo entendido Amazon es la mayor herramienta para vender (que no implica necesariamente ganar dinero) y además si optas por FBA se encarga de la promo, almacén, envíos...en realidad no hay motivo para no vender en Amazon, el problema es que enriquecer al monstruo es peligroso, porque puede llegar un momento en el que te quedes sin negocio y sin ingresos.

Personalmente no lo trabajo nunca, pero sí, sé que funciona bien para vender. He probado Aliexpress con productos no principales de mis tiendas y he recibido alguna venta, pero tampoco ha sido para echar cohetes puesto que no le he dado mucha vuelta.

Mi método es el de crear tiendas online de nicho y posicionarlas con SEO, a mí me funciona y es por eso que me ciño a ello.

¿Todas tus tiendas funcionan?

JUJU ojalá, sería rico...(no estoy seguro de querer serlo de momento). He fallado muuuuuchas veces porque en cierto momento de mi vida como vendedor ambulante he pecado de irme a por el CRUSH más reciente y despistarme.

A día de hoy todos me dicen que tengo muchos proyectos, pero la realidad es que he encontrado el balance para que mis tareas se sigan haciendo aunque no esté al 100% implicado. Tengo algunos colaboradores, dos empleadas y aunque suene un poco chulito soy bastante rápido trabajando.

En cuanto al porcentaje, te podría decir que actualmente tengo 3 tiendas que funcionan bien y la nueva que he comprado, que espero funcione también al mismo ritmo. En los últimos 5 años he podido sacar 15 tiendas más, algunas siguen vivas y otras no.

Algunos ejemplos fallidos: cordones elásticos, carteles de inmobiliaria, árboles de huellas, sexshop, polvos holi, bolsos wayuu, photocalls, sillones tántricos...algunas pienso que son buenas ideas y que tienen recorrido si se crea una marca (con algunas he ganado dinero), pero no he tenido tiempo / habilidad / capacidad para llevarlas adelante en ese momento concreto.

Opinión sobre dropshipping

No me parece mala opción para empezar, pero considero que vivir del dropshipping a largo plazo es arriesgado. Al final, tal y como hemos visto una tienda tiene muchas opciones de escalar, pero claro, si tú no controlas tus envíos, tu producto, no puedes añadir detalles en el pedido...es muy difícil que puedas mejorar tu producto.

He trabajado dropshipping y el final siempre ha sido el mismo, o bien he pasado de la tienda por márgenes bajos o el proveedor me ha fallado. Yo no lo recomiendo a largo plazo, but...

PUNTO 10: MI NUEVO CRUSH

Espero que no te hayas colado y hayas llegado aquí por curiosidad sin leer el resto del ebook, pero como no lo voy a poder saber... ¡Adelante!

Como te comentaba al principio del ebook, he comprado una tienda que encaja mucho con la mayoría de mis requisitos para el CRUSH:

- Vende un producto pequeño y poco pesado
- No caduca, aunque tiene cierto componente electrónico, eso sí, es bastante mecánico
- Tiene posibilidad de vender repetidas veces
- Tiene demanda en diferentes países, sobre todo en Estados Unidos
- No tiene competidores demasiado potentes

El proyecto me costó 1.800 euros + IVA y el motivo de venta es que los vendedores se querían centrar en otro proyecto. En el momento de comprarlo el proyecto tenía MUY poco tráfico orgánico, una lista de mailings de 600 contactos y estaba sólo en inglés.

¿Cuál es el nicho? Pues el nicho es el tufting:

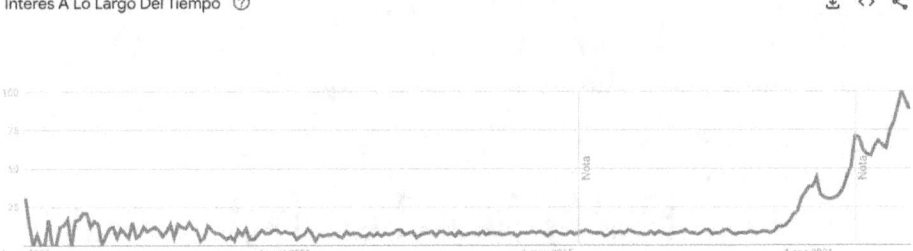

Se trata de un hobby que está en tendencia y que creo puede ser un buen nicho, echa un ojo a Instagram o TikTok y lo verás. La web es **tuftinggunsupplies.com**, aunque en breve le cambiaré tanto diseño como nombre, algo más brandable e internacional.

Como verás no se trata de un nicho demasiado competido en cuanto a SEO, pero tiene cierta demanda si sumamos los diferentes países en los que se busca. El objetivo con esta tienda es vender lana y tapices de forma recurrente, generar una comunidad alrededor de un producto y como objetivo final, vender en Estados Unidos, que es donde hay más demanda y $$.

Tareas que he hecho de momento:

- Instalar mis plugins maravillosos de automatización, WhatsApp...un poco lo que te comentaba en este ebook
- Crear los primeros enlaces al proyecto, en principio en español
- Crear la versión en español y portugués (vendrán polaco, checo, francés, alemán e italiano)
- Comprar producto de los proveedores, he invertido en total 4.000 euros en esta partida. Nuevos productos y diferentes calidades, quiero tener más variedad para que cuando avise a los suscriptores vean una tienda llena
- Añadir página de influencers
- Añadir PayPal y pago con tarjeta
- Cambiar dominio a ohmytuft.com (más brandeable)

En los próximos meses las tareas serán:

- Añadir programa de afiliados
- Centrarme en los usuarios que ya han hecho compras
- Links y contenidos (SEO a full)
- Mejorar la experiencia de compra, packaging, notas, pegatinas
- Dar cera a las redes sociales, aunque esto lo externalizaré ya que no tengo ni idea
- Remarketing en Facebook, Google…
- Centro de ayuda con todo lo que debes saber sobre tufting
- Crear patterns e ideas para nuevas alfombras y permitir descargarlas a cambio del mail
- #Buildinpublic

Todas estas tareas te las iré contando en la newsletter, te dejo de nuevo el link por si te quieres suscribir. Por supuesto estoy abierto a todo tipo de ideas, ya me cuentas :)

Es aquí: **trabajonomada.substack.com**

Well, ya has terminado el ebook de Fransito. Felicidades por aguantarme y por supuesto mil gracias, ya por pedir, espero que te haya gustado el ebook y que haya estado a la altura de tus 2,99 euros (o incluso que haya sido un claro overdeliver), en tal caso puedes dejar una review que te agradeceré un montón. Es mi primer librito y seguro que me anima.

En caso de que no te haya gustado no dejes review, no seas mal@ que queda feo tener reseñas negativas, pero puedes comentármelo al mail (es broma, déjala igual) así podré mejorar el ebook para los siguientes.

Para terminar un friendly reminder que ya habrás leído 40 veces, pero no por ello no debo meterlo. Este ebook está basado en mi práctica, pero sigue siendo teoría, para que tú consigas resultados tendrás que pasarte al lado de los "hacedores", así que lee, pregunta y aplica.

De momento nada más amig@, nos vemos por ahí :)

¡Dale caña!

Nownownow

En el momento de escribir las últimas 50 palabras estoy en Girona, en un evento de SEO y monetización llamado TRAFFFIC que han montado Juanan, Marc, Xevi, Toni y Eva, te recomiendo venir a la próxima edición (sea cuando sea). Si quieres dedicarte a los negocios y vivir de vender (de forma ambulante o no), es importante tener amigos, personalmente opino que ser "un tío majo" es lo que más ROI me ha traído. Fin de la cita.

Ahora sí, ¡un abrassito!

AGRADECIMIENTOS

La primera mi ama, que para bien o para mal me ha hecho así y es la principal responsable.

Pat, friends...y por supuesto los amigos del SEO en los que siempre me apoyo, cada uno lo sabe.

www.ingramcontent.com/pod-product-compliance
Lightning Source LLC
Chambersburg PA
CBHW071034220526
45467CB00004B/1659